Madeleine Delbrêl

Der kleine Mönch

Ein geistliches Notizbüchlein

Deutsche Übertragung und Zeichnungen
von Bernhard Matheis

Herder
Freiburg · Basel · Wien

Originaltitel:

ALCIDE.
Guide simple pour simples chrétiens (1980)
LA JOIE DE CROIRE (1968)

Sechste Auflage

Herstellung: Freiburger Graphische Betriebe 1984
ISBN 3-451-19407-4

Vorwort zur deutschen Ausgabe

Madeleine Delbrêl gehört zu den außergewöhnlichen geistlichen Gestalten unserer Zeit. Als Tochter eines Bahnbeamten wurde sie 1904 im südfranzösischen Mussidan (Dordogne) geboren. In einer religiös gleichgültigen Umgebung groß geworden, lernte sie den christlichen Glauben als Kind nie recht kennen, so daß sie mit 15 Jahren völlig atheistisch war. Dennoch besaß der religiöse Bereich für sie etwas Anziehendes. Immer wieder beschäftigte sie sich mit religiösen Fragen, zumal ihr während ihres Studiums in Paris die philosophischen Vorlesungen keine Antwort auf die Frage nach dem Sinn des Lebens gaben. Als sie mit Christen zusammentraf, die auf eine überweltliche Hoffnung hin lebten, ohne dabei den konkreten Einsatz in Wissenschaft und Politik zu unterlassen, entschloß sie sich zu beten. So kam es, daß sie mit 20 Jahren eine plötzliche Bekehrung erlebte. Gutes Beispiel, Gebet, Lektüre und Reflexion hatten ihr geholfen, Gott zu finden. Diese Gottbegegnung schrieb sie aber dennoch nicht ihrer eigenen Kraft oder der Umwelt zu; zeitlebens hat sie den ihr zuteil gewordenen Glauben als ein Geschenk des Himmels empfunden.

Nach ihrer Konversion dachte sie daran, in den Karmel einzutreten. Sie entschloß sich aber dann, als Fürsorgerin in einem Pariser Arbeiterviertel zu arbeiten. Mit einigen Freundinnen und Gleichgesinnten bildete sie in Ivry eine kleine Gemeinschaft, die sich mit Sozialarbeit befaßte. Aufgrund ihres erfolgreichen Einsatzes im Arbeitermilieu und ihres engagierten Verhaltens zu Gunsten der Arbeiter versuchten die Kommunisten, Madeleine für sich zu gewinnen. Es fiel ihr nicht schwer, die Werbung zurückzuweisen: der christliche Glaube hatte sie an den Mitmenschen gewiesen; was hätte sie bei diesem Dienst gehalten, wenn nicht der Glaube?

Als zwischen 1953 und 1960 in Frankreich das Experiment der Arbeiterpriester durchgeführt wurde, stand sie als leidenschaftlich Beteiligte in Verbindung mit den ersten Pionieren dieser Bewegung; sie hatte Kontakt zu allen Gruppen und Richtungen dieses Experiments. Hart traf es sie, als Rom dieses missionarische Unternehmen mißbilligte. Bei aller Enttäuschung war sie aber entschlossen, keine Spaltung zwischen Kirche und Arbeitermission aufkommen zu lassen. Um dies zu verdeutlichen, fuhr sie eines Tages nach Rom, ging frühmorgens zum Petrusgrab, betete dort den ganzen Tag und kehrte mit dem Nachtzug zurück. Das Ende des Experiments mit den Arbeiterpriestern war für sie eine ernste Prüfung; in ungebrochener Kirchlichkeit ging sie daraus hervor.

1964 ist sie nach einem arbeitsreichen Leben mit 60 Jahren in Ivry gestorben. Nach ihrem Tod veröffentlichte man ihre zahlreichen Notizen; unter ihnen befindet sich auch „Der kleine Mönch“, eine Sammlung von Aphorismen über das geistliche Leben. Die Sammlung kursierte schon als Manuskript zu ihren Lebzeiten unter ihren Freunden, auch wollte sie Madeleine kurz vor ihrem Tode in den Druck geben, kam aber nicht mehr dazu.

Der kleine Mönch ist so etwas wie der ehrliche Kern in einem jeden Christen, der im Alltag, nicht in ausgedachten höheren Regionen heilig werden will. Bei verschiedenen Gelegenheiten macht sich der kleine Mönch eine Notiz, um nicht zu vergessen, welche Einsichten er über den Weg der Vollkommenheit erhalten hat. Dem Merksatz ist ein kurzer Hinweis über die Situation beigefügt, in welcher er festgehalten wurde; es handelt sich dabei um einen Kommentar, in welchem der Mensch, der sich gerne vordrängt, sich mit Humor wieder zurücknimmt. Vor den Augen Gottes findet er sein bescheidenes Maß.

Madeleines Glaube war froh und heiter; sie fühlte sich ja als Kind Gottes und damit als jemand, der nicht nur für eine bessere Welt arbeitet, sondern bereits an ihr teil hat.

P. Bernhard Matheis

Madeleine Delbrêl hat in den Jahren 1944–1954 eine Reihe von dichterischen Meditationen geschrieben, die damals in der Zeitschrift „Vie spirituelle" veröffentlicht wurden. Die einzelnen Texte wanderten bei ihren Freunden und Bekannten von Hand zu Hand und manche meinten, Madeleine solle auch weiterhin schreiben und publizieren. Sie wollte aber auf keinen Fall sogenannte „Literatur" fabrizieren. Die vorliegenden Texte sind jeweils für eine bestimmte Situation geschrieben: für ein Fest, für einen Geburtstag oder um ein kleines Lebenszeichen von sich zu geben ... Es sind also Einzelstücke, manche darunter unvollendet. 1968 nach ihrem Tod hat man sie in „La joie de croire" (Seuil) veröffentlicht (ein Auszug daraus erschien in Deutsch unter dem Titel „Gebet in einem weltlichen Leben", Einsiedeln 1974).

Inhalt

Wer ist der kleine Mönch?

Das Büchlein, das wir hier veröffentlichen, ist kein Tagebuch, in das vielleicht der kleine Mönch seine Gedanken über die Tagesereignisse geschrieben hätte. Es ist auch keine Anleitung zum geistlichen Leben, sondern eine Art Gedächtnisstütze. Anläßlich eines bestimmten Ereignisses, einer seelischen Erschütterung, einer nervenaufreibenden Begebenheit versucht der kleine Mönch, seine Situation zu klären; er sieht, was er falsch gemacht hat, und schreibt ein paar Zeilen nieder, die er im Gedächtnis behalten will. Er selbst hätte wohl seine Notizen als Merkbuch bezeichnet.

Der kleine Mönch gehört zu jenen, von denen man gesagt hat: „Sie nehmen sich oft tragisch, selten aber ernst." Daher die leichte Ironie, ein gewisser Mangel an Ernst, womit der kleine Mönch auf vergangene Dinge zu sprechen kommt, die er womöglich zu tragisch genommen hat.

Wer ist nun eigentlich der kleine Mönch?

Würde ich sagen, daß er ein Mensch aus Fleisch und Blut war, so wäre das nicht richtig. Umgekehrt, würde ich ihn als reine Erfindung hinstellen, träfe auch das nicht zu. Ehrlich gesagt hat der kleine Mönch niemals gelebt. Aber seine Gestalt wurde nach lebendigen Vorbildern gezeichnet, was er erfahren hat, wird auch heute noch von Menschen erlebt.

Unter den Christen gibt es die kleinen Leute, wie sie überall auf der Welt zu finden sind. Aber diese kleinen Leute leben nicht in einem abgeschlossenen Raum, auch nicht als eine Randgruppe der Kirche. Diese kleine Welt setzt sich zusammen aus Reichen und Armen, Begabten und Unbegabten, Starken und Schwachen, Schlauköpfen und Tölpeln, gesuchten Leuten und solchen, die nirgendwo ankommen.

Man findet in ihr Junge und Alte, Opas und Omas, Jungverheiratete und solche, die in ihrer Ehe Schwierigkeiten haben, Familienväter und Unverheiratete, Pfarrer und Bischöfe, Filmstars und Zigeuner, vielleicht auch Abgeordnete, Bankiers, Steuereinnehmer, Ordensleute ... Manche aus dieser kleinen Welt sind sogar Päpste oder Heilige geworden.

Der kleine Mönch ist nicht eine Einzelgestalt, sondern die Verkörperung einer Vielzahl.

Er vertritt jene in der Welt der einfachen Christen, die nicht danach streben, Heilige zu sein, sondern heilig zu werden.

Sie haben ihre eigene Art, die Dinge anzupakken. Die Art ihres Vorgehens haben sie sich nicht ausgewählt. Sie hatten keine Wahl.

Sie betrachten die Mittel zur Heiligkeit als von vorneherein unter jenen festgelegt, deren sich auch neben ihnen „die Großen" der Welt und der Kirche bedienen. Diese Auswahl ist nicht sehr ansehnlich, wie auch jedes einzelne dieser Mittel nicht hoch im Kurs steht.

Da ist zum Beispiel der Wille. Es ist unglaublich, wie sehr er die Leute reich macht, so daß sie sozusagen über ihre Mittel leben. Dabei ist für sie der gute Wille etwas Gewöhnliches. Und wenn es ihnen im einen Ohr klingt: „Friede den Menschen, die guten Willens sind", dann hören sie im anderen, was der vernünftige Mensch sagt: „Der gute Wille allein genügt nicht" oder gar die Nachsichtigen: „Oh, es ist nicht so, als fehle es ihm am guten Willen!"

Und während sie andere an ihrer Seite sehen, die mit stolzem Schritt durchs Leben schreiten wie solche, die es kennen und denen man nichts weismachen kann, die mit einem Blick gesehen haben, was zu tun ist, warum und wie es gemacht wird, gehen sie dahin, die kleinen Leute, Schritt für Schritt, auch wenn sie es eilig haben, und müssen sich jederzeit vergewissern, so wie man auf dem Fahrplan oder einer Straßenkarte nachschaut, ob sie auf dem rechten Wege sind und trotz ihrer kleinen Schritte Gott mit großem Herzen zu lieben vermögen. Denn Gott ist groß, und ihn kleinlich lieben heißt ihn überhaupt nicht lieben.

Wie der kleine Mönch auf die Idee kam, ein vollkommen Gleichmütiger zu werden

Ein vollkommen Gleichmütiger sein,
der ... (unleserliche Worte)

Grabstein des kleinen Mönchs, gestorben als heiligmäßiger Ordensmann.

Jahrhunderte sind dahingegangen und haben fast alles zerstört, was uns einen Hinweis geben könnte, welcher geistlichen Familie der kleine Mönch angehörte und in welcher Gemeinschaft er ein so außergewöhnliches Leben geführt hat. Ja, wir wissen nicht einmal, welche Ordensregel sein Leben geprägt hat.

Deshalb kommt es immer wieder zu gelehrten Streitereien, welche Art von religiösem Leben unseren Seligen zu dem gemacht habe, was er war. Wir brauchen nur die Titel einiger einschlägiger Untersuchungen zu erwähnen: „Ein Ordensmann, Meister für ein Leben in der Welt“ oder „Das Ordensleben eines Weltmenschen“ ...

Vom Leben des kleinen Mönchs wird uns nur eine Tatsache berichtet, für die eine hohe historische Sicherheit besteht. Es ist jene Begebenheit, die ihn dazu brachte, an aller menschlichen Größe zu zweifeln.

Hier der Bericht, wie ihn seine ersten Gefährten überliefert haben:

„Eines Tages schloß sich unserer Gemeinschaft ein junger Mann an, der von geringer Körpergröße war, so daß er bald der ‚kleine Mönch' genannt wurde. Er erklärte unserem geistlichen Lehrmeister, er wünsche sehr, die Bedeutung kennen zu lernen, die Gott unserer menschlichen Größe zumesse. Unser Meister, der ein heiliger Mann war, sagte zu ihm:

Geh hinauf zum Gottesacker, mein Sohn, mache den Verstorbenen Komplimente und lobe sie dafür, daß sie einmal als Lebende auf dieser Erde geweilt haben.

Der kleine Mönch tat, wie er geheißen wurde.

Als er zurückkam, sprach unser heiliger Meister:

Geh noch einmal hinauf zum Gottesacker, mein Sohn, mache den Verstorbenen strenge Vorwürfe, drücke ihnen Hohn und Verachtung aus, daß sie sich in einem so elenden Leichenzustand befinden.

Der kleine Mönch ging wieder hin. Als er zurückkam, fragte ihn unser heiliger Meister:

Was haben die Toten gesagt, als du ihnen Komplimente machtest?

Sie haben nichts gesagt, erwiderte der kleine Mönch.

Und als du den Toten Vorwürfe machtest, was haben sie da gesagt?

Nichts, antwortete der kleine Mönch noch einmal.

Nun, mein Sohn, wenn man dich lobt oder beschimpft, sei gleichmütig wie ein Toter; vielleicht wirst du dann die Tugend der Demut erlangen.

Von jenem Tage an, wir müssen es zum Lob unseres heiligen Meisters bekennen, war der kleine Mönch nicht mehr der gleiche, und die, die ihn kannten, sahen in dieser Begebenheit den Anfang seines heiligen Lebenswandels, über den uns die Aufzeichnungen des kleinen Mönchs einen Einblick gewähren."

Möge es Gott gefallen, daß auch wir uns zum gleichen Ziel auf den Weg begeben.

Der kleine Mönch oder der vollkommen Gleichmütige

O Heiligkeit,
wie viele Heilige
sind in deinem Namen
gescheitert!

Buch des Anfängers

Urteilsfähigkeit im Handeln

Der vollkommen Gleichmütige tut jede Sache so, als habe er nur sie zu tun, um in den Himmel zu kommen.

Als der kleine Mönch in Eile war.

Die Vergnügungen

Wenn du selbst nicht tanzen kannst, dann laß deine Seele tanzen.

Der kleine Mönch, nachdem er sich den ganzen Tag mit Buchführung geplagt hatte.

Höfliche Bescheidenheit

Nicht nachsalzen, nachzuckern, aufwärmen, es sei denn, du bist mit der Küchenarbeit beauftragt.

Als der kleine Mönch die Suppe schlecht zubereitet fand.

Die Freude

Miß deine Freude nicht am körperlichen Wohlbefinden.

Als der kleine Mönch einen Druck auf der Leber spürte.

Tu mit allen, was allen zugute kommt, statt Besseres zu leisten, das nur dir nützt.

Als der kleine Mönch einmal Geschmack am Erhabenen empfand.

Heroismus

Hüpfe aus deinem Bett zur Musik deines Weckers.

Der kleine Mönch eines Morgens um halb sieben.

Das Ertragen

Ertrage nicht, sondern trage.

Als ihm einmal seine Mitbrüder genau so unerträglich waren wie er sich selbst.

Der Lärm der Welt

Der vollkommen Gleichmütige sieht im Telefon den Anruf Gottes.

Der kleine Mönch am Abend um halb zwölf.

Die Pflicht

Suche sie nicht an der Freude zu erkennen, die sie dir verschafft; du könntest sie sonst verfehlen.

Als der kleine Mönch einmal seine Sachen flicken mußte.

Ausdrucksweise

Halte nicht die anderen für empfindlich, nur dich für empfindsam.

Als man dem kleinen Mönch Kummer bereitet hatte.

Zeiten der Krise

Beachte sie nicht; dann werden sie an dir vorübergehen.

Als der kleine Mönch gereizter Stimmung war.

Heilige Faulheit

Schau, daß du dich ausruh'n kannst – in Gott.

Als der kleine Mönch einmal schläfrig war.

Die Beichtväter

Denke daran: Arznei ist für die Krankheiten, nicht die Krankheiten für die Arznei. Wer Ohren hat zu hören, der höre.

Als der kleine Mönch eine besondere Seelenstimmung suchte.

Das Gebet

Bedenke, daß das Gebet dafür da ist, dich zu einem guten Menschen zu machen, und nicht, dich daran zu hindern.

Als man den kleinen Mönch einmal aus der Kirche rief.

Der Bußgürtel

Fang an, deinen Gürtel zu weben, wenn sich deine Brüder noch wie Samt anfühlen.

Der kleine Mönch an einem Gewittertag.

Menschliche Gebrechlichkeit

Schleif deine Kanten, und du stößt dich weniger.

Der kleine Mönch nach einem brüderlichen Seitenhieb

Buch des Fortgeschrittenen

Die heilige Armut

Der vollkommen Gleichmütige trinkt lieber alles, was man ihm anbietet, als daß er selber wählt, worauf er verzichten will.

Als man dem kleinen Mönch Muskateller einschenkte.

Klammere dich an nichts, auch nicht an die Armut.

Als man beim kleinen Mönch das Zimmer heizte.

Der Gehorsam

Warte mit dem Gehorchen nicht, bis du mit deinem Chef einverstanden bist.

Als der kleine Mönch glaubte, recht zu haben.

Der Gehorsam ist nur wenig Sache des Leibes, viel aber Sache des Herzens.

Als der kleine Mönch einmal stöhnend aufsprang, um zu tun, was ihm befohlen war.

Die Demut

Besser ist es, ein mäßiges Kompliment anzunehmen, als einen Tadel selbst auszusuchen.

Als man dem kleinen Mönch für eine Eigenschaft gratulierte, von der er nichts hielt.

Der vollkommen Gleichmütige hat von sich selbst keine eigene Vorstellung.

Als der kleine Mönch einmal nach seiner Persönlichkeit suchte.

Der vollkommen Gleichmütige weiß um seine Ähnlichkeit mit allen anderen vollkommen Gleichmütigen.

Als der kleine Mönch Lust verspürte, ein Tagebuch zu schreiben.

Schau lieber von dir weg als auf deine Gebrechen.

Als der kleine Mönch Geschmack an der Gewissenserforschung bekam.

Das Schweigen

Mühe dich nicht, zu schweigen, hör lieber zu.

Als der kleine Mönch einmal interessante Dinge zu sagen hatte.

Sage nur das, was Gott nicht verschweigen läßt.

Als der kleine Mönch einmal Entspannung brauchte.

Der Gleichmütige schweigt, wenn er darf, damit er reden kann, wenn er muß.

Als der kleine Mönch ein paar lustige Geschichten auf Lager hatte.

Das wahre Schweigen ist nie gegen die Liebe gerichtet.

Als der kleine Mönch einem, der ihn langweilte, nur einsilbige Antworten gab.

Kurzes Gebet

Mein Gott, gib mir die Gnade, von anderen gern zu hören, was ich mir ständig selber sagen muß.

Buch des Vollkommenen

Die Gottesliebe

Gott lieben heißt: sein, wie Gott es will, und tun, was Gott verlangt.

Als der kleine Mönch romantische Anwandlungen hatte.

Mit Gott, der in ihm wohnt, dient der Selbstvergessene Gott in den anderen.

Als der kleine Mönch seinen Mitbrüdern den Rücken kehren wollte.

Der vollkommen Gleichmütige hat vor nichts Angst, da er es gewohnt ist, jederzeit die ganze Welt retten zu wollen.

Als der kleine Mönch einmal einem unbekannten Herrn gegenübertreten mußte.

Weil dem Selbstvergessenen nichts bleibt, weiß er, daß er nur Empfangender ist.

Als der kleine Mönch nach einer Berufung suchte.

Gott möchte nicht geliebt werden, wie wir wollen, sondern wie er will.

Als der kleine Mönch ein großer Held sein wollte und nicht nur ein guter Mensch.

Der vollkommen Gleichmütige tut bei all seinen Aktivitäten nur eine Sache; aber er tut immer das gleiche, wenn er viele Dinge zugleich tut.

Eines Tages, als der kleine Mönch in die Wüste Sahara aufbrechen wollte.

Der vollkommen Gleichmütige setzt sich nicht in den Kopf, alle Dinge zu tun, die Gott will, sondern daß durch alle vollkommen Gleichmütigen dieser Erde Gottes Wille geschehe.

Als der kleine Mönch einmal von Eifer erfüllt war.

Wenn der vollkommen Gleichmütige die Heiligkeit Gottes nicht lieben kann, indem er gut ist, versucht er, seine Barmherzigkeit zu lieben, auch wenn er böse ist.

Als der kleine Mönch Dummheiten begangen hatte.

Wenn sich der vollkommen Gleichmütige einmal danebenbenimmt, freut er sich über das gute Benehmen der anderen.

Als dem kleinen Mönch das stille Wesen seines Nachbarn auf die Nerven ging.

Der vollkommen Gleichmütige richtet an Gott keine Fragen; er benützt die Zeit, seinen Anruf zu beantworten.

Als der kleine Mönch gerne gewußt hätte, wie er vor Gott dasteht.

Der vollkommen Gleichmütige hält sich weder für einen großen Heiligen noch für einen großen Sünder, sondern für ein unbedeutendes Glied am großen Leib der Kirche.

Als der kleine Mönch über seine Fehler nachdachte.

Der kleine Mönch als Profeß[1]

Der Tag deiner Profeß[2] ist nicht ein Tag der Ankunft, sondern der Abfahrt.

Am Tag nach seiner Profeß, als der kleine Mönch das Bedürfnis hatte, sich hinzusetzen.

Schaue nicht auf deine Brüder, um sie zu richten, sondern um für sie zu beten.

Als der kleine Mönch mit seinen Nerven zu kämpfen hatte.

Der Novize ist wie ein junger Baumstamm. Vergiß nicht, daß du ein Ast daran bist.

Als der kleine Mönch für die Jugend kein Interesse aufbringen wollte.

Du bist immer im Dienst.

Als der kleine Mönch einmal keine große Lust hatte, sich stören zu lassen.

---

[1] Profeß (m): Ordensmitglied nach Ablegung der Gelübde
[2] Profeß (w): Ablegung der Ordensgelübde

Habe einen Blick für das Leiden deiner Umwelt; das deine vergiß.

An einem Tag innerer Not

Seinen Brüdern dienen heißt mit Gott regieren.

Als sich der kleine Mönch nach dem Himmel sehnte.

Wenn du keine bestimmte Last zu tragen hast, dann deshalb, weil du die Last der anderen mittragen sollst.

Als es dem kleinen Mönch sehr behagte, für nichts verantwortlich zu sein.

Was du willst, daß die anderen seien, sei du noch mehr.

Als der kleine Mönch wünschte, seine Brüder möchten etwas vorbildlicher sein.

Verhalte dich zu deinen Brüdern so, als sei Gott allein deine Hilfe, du aber seist die einzige Stütze deiner Brüder.

Als der kleine Mönch meinte, er komme bei den allgemeinen Diensten zu oft an die Reihe.

Überall, wo du bist, spüre man deine ganze Liebe.

Als der kleine Mönch in einer Anwandlung von Demut meinte, seine Mittelmäßigkeit schade niemandem.

Bete zu Gott, als seist du allein es, der zu ihm betet.

Als in seiner Ordensfamilie alles schief gelaufen war.

Wenn man dich nur braucht zum Drunterbuttern, dann denke daran, daß ohne Butter alles anbrennt.

An einem Tag der Demütigung

Der kleine Mönch als Prior

„O crux ave“

Die ersten Worte des Seligen am ersten Tag seines Priorats

Die Gerechtigkeit

Mißtraue deinem Urteil über die, die sich deiner Wertschätzung nicht erfreuen.

Als man einmal geringschätzig auf den kleinen Mönch herabsah.

Wenn einer deiner Söhne kein großes Vertrauen zu dir hat, dann sage nicht zu schnell, es fehle ihm an gesundem Urteil.

Als er sich einmal mit einigen Holzköpfen herumzubeißen hatte.

Beurteile die Fehler deiner Söhne nicht nach dem Grad der Entrüstung, den sie bei dir hervorrufen, sondern nach dem Schmerz, den sie Gott antun.

Als sich einer seiner Söhne töricht benahm.

Zieh jene vor, die dich weniger mögen; es fällt dir dadurch leichter, gerecht zu sein.

Als der kleine Mönch sein Amt als lästig empfand.

Versetze dich in die Lage der anderen, nicht die anderen mit Gewalt in die deine.

Als der kleine Mönch aszetische Regeln diktierte.

Deine Söhne werden dich ungern ausgehen sehen, wenn dein Herz nicht mehr bei ihnen ist.

Als der kleine Mönch einmal verspätet nach Hause kam und seine Söhne einen Trotzkopf aufsetzten.

Wenn man ein schlechtes Gedächtnis hat, mache man eben Notizen.

Als der kleine Mönch einmal auf eine Anordnung hinwies, die er gar nicht getroffen hatte.

Die Demut

Es ist für ein Kloster ein großes Glück, wenn sein Prior kein Sachverständiger ist, dies zugibt und sein Vertrauen auf Gott setzt.

Als vieles danebenging.

Finde dich damit ab, daß du deinen Brüdern manchmal im Wege stehst, für sie ein Kreuz bist, also eine Gnade.

Als der kleine Mönch nicht überall Zustimmung fand.

Im Mittelpunkt des Klosters wohnt Gott; verwechsle nicht deinen Platz mit dem seinen.

Am Tage eines feierlichen Pontifikalamtes.

Deine Söhne sind nicht in das Kloster gekommen, um sich mit deinen persönlichen Schwierigkeiten zu beschäftigen.

Als er einmal die Nase voll hatte.

Wache darüber, daß man dem Kloster nicht deinen eigenen Namen gibt statt den eines Heiligen.

Als man im ganzen Umkreis von ihm sprach.

Hab lieber, daß man dir deine Fehler vorwirft, als daß du sie beim feierlichen Schuldbekenntnis deinen Söhnen offenbarst.

Als man ihn zu Unrecht kritisierte.

Wenn gewisse Leute von deiner Vorbildlichkeit nicht überzeugt sind, versage dir den Hinweis, daß man sie auch bei ihnen vergebens suche.

Als anerkannte Leute ihm bewiesen, daß er im Unrecht sei.

Die Miene deines Gesichtes spiegelt die Empfindungen deines Herzens. Hab Liebe, dann wird dein Gesicht wie eine saubere, frisch gebügelte Schürze.

Als man ihm sagte, er mache immer das gleiche Gesicht.

Glänzen ist nicht erklären.

An einem Tag großer Beredsamkeit

Mißtraue einer Pomade, die zum Glänzen bringt.

Als der kleine Mönch zur Ansicht kam, seine Söhne machten ihre Sache weniger gut als er.

Du bist noch nicht am Ziel: zwinge die anderen nicht, es zu sein.

Als er davon träumte, den Leuten mehr Schwung beizubringen.

Jedesmal, wenn du ins Kloster zurückkehrst, möge dies wie der Beginn einer neuen Friedensära sein.

Als der kleine Mönch bei seiner Ankunft alles drunter und drüber fand.

Sündigt der Gerechte siebenmal am Tage, dann wundere dich nicht, daß du als Prior, der es recht machen will, siebeneinhalbmal sündigst.

Als er einmal fast den Mut verlor.

Laß Gott wirken; dann erst wirke du, wenn es noch etwas zu bewirken gibt.

Als dem kleinen Mönch besondere Ideen für seine Söhne kamen.

Die Autorität

Weil du guter Laune bist, sollst du deine Söhne nicht behandeln, als seien sie es auch.

An einem Tag äußerster Aufgeräumtheit gegenüber innerlich ringenden Menschen.

Verwechsle den Willen Gottes nicht mit dem deinen.

Als ihm die Idee kam, eine Reform durchzuführen.

Vergiß nicht, daß Schwäche nichts anderes ist als die Angst, dir weh zu tun.

Als er einmal meinte, ein Auge zudrücken zu dürfen.

Wenn sich dein Bruder wie ein Ochs benimmt, spiel nicht den Engel; du könntest selbst in seine Lage kommen.

Als der kleine Mönch einmal aufdringlich seine Tugend demonstrieren wollte.

Halte Disziplin, auch wenn du allein bist.

Als der kleine Mönch einmal allein an seinem Tisch saß und die Glocke ihn aus einer angenehmen Tätigkeit riß.

Sag die Dinge, die du sagen mußt, und nicht die, die du sagen möchtest.

Als dem kleinen Mönch viele Ideen durch den Kopf schossen.

Dein Schweigen nützt deinen Brüdern mehr als deine Gabe des Wortes.

Als er einmal über ein paar schöne Geschichten verfügte.

Deinen Söhnen zu gehorchen ist kein Gehorsam.

Als er einmal niedergeschlagen war und alles hinwerfen wollte.

Die Sanftmut

Der Zorn des Priors macht seine Söhne nicht gerechter.

Vom kleinen Mönch angewandtes Bibelzitat.

Mach deine Nerven nicht zum Barometer deines Hauses.

Als der kleine Mönch einmal sehr kribbelig war.

Verlang von den anderen nicht, deinen Nervenzustand zu erraten.

Als man ihn unbekümmert ansprach.

Ein Kloster ist kein Zirkus.

Als sich der kleine Mönch zum Clown berufen fühlte.

Die Autorität hat ihre Grenzen, die Liebe nicht.

Als der kleine Mönch über seine Pflichten nachdachte.

Vergiß beim Befehlen das Gehorchen nicht.

Als ihn einmal schöpferische Phantasie überkam.

Halt keine Vorträge; ein Vater ist kein Schullehrer.

Als er ständig belehrend sich einmischte.

Das Kreuz

Bist du sicher, wenn du über die anderen weinst, daß du es nicht über dich selber tust?

An einem Tag innerer Ängste.

Du bist zum Trösten da, nicht zum Getröstetwerden.

Als den kleinen Mönch ein unbestimmtes Gefühl überkam.

Wenn einer deiner Söhne in Not ist, soll er bei dir Hilfe finden. Du aber suche deine Hilfe bei Gott.

Als der kleine Mönch einmal gern jemand sein Leid geklagt hätte.

Vertue deine Zeit nicht mit Klagen.

Als der kleine Mönch das Gefühl hatte, der unglücklichste Mensch zu sein.

Die Zeit, dir deine Fehler aufzuzählen, verwende besser darauf, bei anderen die gute Lebensart zu fördern.

Als er sich innerlich herumquälte.

Der Nutzen einer Krankheit

Die Krankheit, die dich erfaßt hat, macht aus deinen Mitbrüdern keine Krankenschwestern.

Väterlichkeit

Bleib Vater auch von denen, die dich nicht als Vater behandeln.

Als ihm Erfolg versagt blieb.

Befasse dich nicht mit geistlicher Leitung, sondern leite deinen Geist zu deinen Söhnen hin.

Als der kleine Mönch ganz in seiner Arbeit als Prior aufging.

Nur dann darfst du einem deiner Söhne Kummer bereiten, wenn du es nicht mit heimlicher Freude tust.

Als es einmal wie Seife in seinem Mund schmeckte.

Feingefühl

Sag nie etwas zu deinen Söhnen, was die Hochschätzung für einen ihrer Brüder vermindern könnte.

Als der kleine Mönch einmal sein Herz ausgießen wollte.

Stoß nicht an eine Wunde, die entzündet ist.

Als der kleine Mönch einmal besonders heftig war.

Gib keine Befehle: erbitte einen Dienst.

Als der kleine Mönch einmal zu faul war, einem Mitbruder zu sagen: „Wären Sie so freundlich, das und das zu tun?“

Das Gebet

Mach deine Söhne zu einem persönlichen Anliegen vor Gott, damit er ihnen seine Gaben schenke.

Als der kleine Mönch an nichts rechte Freude empfand.

Laß deine Kinder nicht im Stich, um mit ihrem Vater schönzutun.

Als der kleine Mönch im Gebet vor Gott nur an sich selber dachte.

Das gute Beispiel

Ein Prior ist kein Reklameschild, sondern ein Grenzstein.

Als der kleine Mönch durch sein Beispiel wirken wollte.

Deine Sünden richten fast mehr Unheil an, als deine guten Taten Gutes.

An einem Besinnungstag.

Sie haben den Herrn, die allerseligste Jungfrau und die Heiligen als Vorbilder; sie brauchen deines nicht.

Als der kleine Mönch einen Vorwand suchte, etwas mehr ins Blickfeld zu treten.

Der kleine Mönch
oder die heiligen Abenteuer
des Alltags

Einleitung

Die Leser des „Kleinen Mönchs“ mögen sich nicht durch die Tatsache entmutigen lassen, daß er einem Orden angehörte. Gewiß, er war ein Mönch und bleibt es, auch wenn sein ehrwürdiger Orden nicht mehr bekannt ist. Aber vielleicht ist es gerade das, was auf unsere Generation eine besondere Wirkung ausübt.

Man weiß, daß sich unsere Zeit dem Gedanken der Brüderlichkeit gegenüber sehr zwiespältig verhält. Einerseits tritt sie ihn mit Füßen, andererseits fordert sie ihn in besonderem Maße. Jeder weiß, daß die schmerzlichsten Reibereien in menschlichen Gemeinschaften vorkommen, in denen man sich besonders nahe steht.

Wer hat nicht schon an der unausrottbaren Intoleranz gelitten, die zwischen uns heute eine bis ins kleinste gehende Spezialisierung schafft, vor allem, wenn wir uns weitgehend ähnlich sind. Diese Erfahrung hindert uns jedoch nicht, mitzumachen am Auseinanderreißen der Klassen, Nationen, Rassen, Zivilisationen, Wirtschaftsformen und Blöcke, die gegenwärtig der Welt ihr Gepräge geben.

Und muß es denn sein, daß unsere Zugehörigkeit zu einer religiösen Gemeinschaft uns so leicht allem entfremdet, was sich außerhalb von ihr befindet?

Nun, überall, wo Getaufte sind, gibt es auch einfache Christen. Sie sind nicht nur weiß oder schwarz, reich oder arm, gebildet oder ungebildet, sondern auch jung oder alt, krank oder gesund, begabt oder unbegabt; sie sind verheiratet oder ledig, Bischöfe oder Ordensschwestern, Jesuiten oder Dominikaner; und mögen sie noch alles Mögliche sein, sie sind doch in erster Linie einfache Christen.

Zwischen den Gruppierungen stehend, könnte uns gerade der kleine Mönch eine Hilfe sein. Er steht außerhalb der Spitzfindigkeiten unserer Zeit, denn er gehört keiner bestimmten an.

Sein Orden ist unbekannt, der kleine Mönch ist in das allgemeine Erbe eingegangen.

Weil der kleine Mönch niemandem gehört, gehört er uns allen.

Er ist in jedem von uns der einfache Christ.

Er ist in jedem von uns die ungeduldige Liebe, die Gott da sucht, wo ihn der Glaube findet, wo aber das tägliche Leben ihn verbirgt.

Der kleine Mönch als Kämpfer

Das Zusammenleben

Gedacht nicht nur für klösterliche Gemeinschaften, sondern auch
für Familien
Werkstätten,
Büros,
Parlamente,
Pfarrhäuser,
Parteien,
Gewerkschaften,
Vereine,
kurz: für jede Art von Gemeinschaft.

Krieg und Frieden

Lerne die Kriegskunst gegen dich selbst; im Hinblick auf die andern die Kunst des Friedens.

An einem Tag heiliger Zerstrittenheit.

Wenn deine Stimme wie ein Schlachthorn tönt, haßt dein Bruder die Musik.

Bei einem hitzigen Gespräch.

Wahrer Eifer wirft nicht mit Bomben.

Als der kleine Mönch seine Gruppe verteidigte.

Du magst ein Kämpfer sein; deshalb ist dein Kloster noch lang kein Schlachtfeld.

Als der kleine Mönch alle auf Hochtouren bringen wollte.

Strategie ist die eine Seite, die Wege Gottes die andere.

Als der kleine Mönch an einem Abend über seinen Mißerfolg nachdachte.

Wenn du Gegner hast, hau nicht drauf, als wären sie gepanzert.

Nach einer scharfen Antwort, die berechtigt war.

Siegeslieder passen nicht für einen heiligen Streiter.

Bei einem Kongreß.

Ein Kämpfer muß nicht unbedingt ein Soldat sein.

Nachdem er energische Maßnahmen getroffen hatte.

Wenn du schreist, wird dein Nachbar taub.

Als dem kleinen Mönch niemand zuhören wollte.

Die Plackerei mit dir selbst und der Schweiß eines Bauarbeiters sind zwei verschiedene Dinge.

An einem Tag inneren Ringens, draußen Gewitter.

Unsere Gebrechlichkeit

Dein Bruder ist vielleicht grobschlächtig, du aber bist sicher zerbrechlich.

Beim Meditieren über unsere moralische Verletzlichkeit.

Man würde schneller ein geduldiger Mensch, wenn man mehr Lust dazu hätte.

Als der kleine Mönch den Eindruck hatte, daß geistige Niederlagen allmählich verblaßten.

Zerbrechliche Herzen sind fürs Schaufenster gut, nicht aber für den Kampf gegen das Böse.

Als man ihm fast das Herz brach.

Das Schweigen

Die erste Sprosse auf der mystischen Leiter des Schweigens besteht darin, daß man sich nicht gerne reden hört.

Nach einer glänzenden Rede.

Die vorletzte Sprosse derselben Leiter ist das Zuhören-Können.

Ohne Kommentar.

Der Anruf Gottes bricht das Schweigen nicht; deshalb können ihm das Telefon, die Türglocke, der brüderliche Umgang nicht schaden.

Es ist schwer zu sagen, wann der kleine Mönch diesen Satz niedergeschrieben hat. Das Papier, auf dem er steht, ist ziemlich abgegriffen.

Der Sinn des Schweigens ist, hinzuhören auf Gott; wenn er durch seine Geschöpfe spricht, sollte man ihm nicht immer das Wort abschneiden.

Am Krankenbett eines Bruders, der im Alter wieder zum Kind geworden war.

Menschliche Größe

Der kleine Mönch war ein Kind seiner Zeit, man könnte fast sagen unserer Zeit. Begeistert wandte er sich den Bemühungen seiner Zeitgenossen zu, die Größe des Menschen herauszustellen. Und aus Liebe zur Menschheit, zu ihrer Ehre und Verherrlichung suchte er selbst ein Edelmensch zu werden.

Auch ihn brachten vom Anfang seiner Karriere an die evangelischen Räte etwas in Verwirrung. Seine reiche Persönlichkeit schien sich in ein gefahrvolles Dunkel zu begeben.

Er schrieb daher das folgende nieder:

Wenn du klein werden willst, verachte nicht die Größe der anderen.

Als der kleine Mönch nervös wurde, weil man anderen zu viel Achtung entgegenbrachte.

Sei klein, aber nicht so, daß du bei dir als Gramm betrachtest, was dein Bruder noch als Kilo besitzt.

Siehe oben.

Wenn du deine Kleinheit entdeckst, meine nicht, du seist eine Perle.

Nach unvergeßlichen Einsichten über seine Unbedeutendheit.

Schau, daß du nicht am letzten Platz ankommst, als seist du der Sieger der Tour de France.

Als er von seiner Kleinheit überwältigt war.

Du trägst deinen Edelmenschen in dir: der heilige Paulus nennt ihn den alten Menschen.

Als er am Abend über ein Problem nachdachte, das er elegant gelöst hatte.

Die Bedeutsamkeit großer Menschen ändert nichts an dem, was du bist; weil Gott groß ist, bist du klein.

Als den kleinen Mönch große Bewunderung ergriff.

Sich als klein vor Gott bezeichnen heißt selten, daß man diese Haltung auch verwirklicht; die wahrhaft Demütigen fühlen sich als Anfänger.

Als der kleine Mönch sich wie ausgelöscht vorkam.

Wenn du deine Tugend nicht bewundern kannst, bewundere nicht deine reumütige Gesinnung.

Als sich der kleine Mönch von allem zurückzog, um sich den Vorwürfen seines Gewissens zu stellen.

Hygiene

Es ist von großer Bedeutung zu unterscheiden, was von der Schwerfälligkeit unseres Geistes und was vom Zustand unseres Körpers stammt.

Als der kleine Mönch traurig war.

Über drei Milliarden Menschen tragen die Last des Lebens; zu wissen, daß du keine Ausnahme bist, kann dir nützlich sein.

Als der kleine Mönch gegen die Müdigkeit ankämpfte.

Wenn du dein Gesicht verlierst, mach weiter; verlierst du den Kopf, hör auf.

Als er Widerspruch erfuhr.

Wenn dir das Herz in den Kopf steigt, dann hast du zu viel Gemüt.

Als er ganz überwältigt war.

Der gute Rat oder die Haut des anderen

Wer den Rat gibt, braucht nicht zu zahlen.

Der kleine Mönch schätzte dieses Sprichwort sehr und hielt es sich meist vor Augen, wenn er jemand eine Antwort gab.

Auch als Erwachsener bleibst du ein Kind Gottes.

Als der kleine Mönch über die Wichtigkeit seiner Aufgaben nachdachte.

Vergiß nicht, daß das Zusammenleben mit dir genügen kann, sich den Himmel zu verdienen.

Nach bitteren Bemerkungen.

Wenn du deinen Bruder als Kind betrachtest, dann deshalb, weil du zu erwachsen bist.

Der kleine Mönch, gebeugt vom vielen Sich-hin-Neigen zu seinen Mitmenschen.

Es verrät keine Achtung vor dem Menschen, wenn du zuläßt, daß sich dein Bruder wie ein Esel aufführt.

Als der kleine Mönch meinte, er müsse sich diskret zurückhalten.

Herr, lehre mich zu begreifen, daß ich kein Engel bin und daß unser guter Rat sehr bescheiden ist. Amen.

Der kleine Mönch als Missionar

Vergiß nicht, daß du wählen durftest, was die anderen von dir annehmen sollen.

Als der kleine Mönch meinte, er habe sich schon ganz dem wilden Naturvolk angepaßt, bei dem er wohnte.

Wenn du den anderen nur ähnlich bist, bringst du ihnen nichts sehr Neues.

Als sich der kleine Mönch den anderen gleich machte, um sie zu Gott zu führen.

Selten wird einer reich durch eine Münze, auf die sein Bild geprägt ist.

Als der kleine Mönch den anderen gab, wonach er sich selber sehnte.

Wenn dein Gewand deinen Bruder ärgert, wähl dir ein anderes; wenn du aber dein Gewand ausziehst, ziehe nicht Christus aus.

Als der kleine Mönch überlegte, welche Missionsmethode für einen wenig bekannten Volksstamm die beste wäre.

Trage die Kirche; sie wird auch dich tragen.

Als der kleine Mönch seine Mühe hatte, ein vorbildlicher Mensch zu sein.

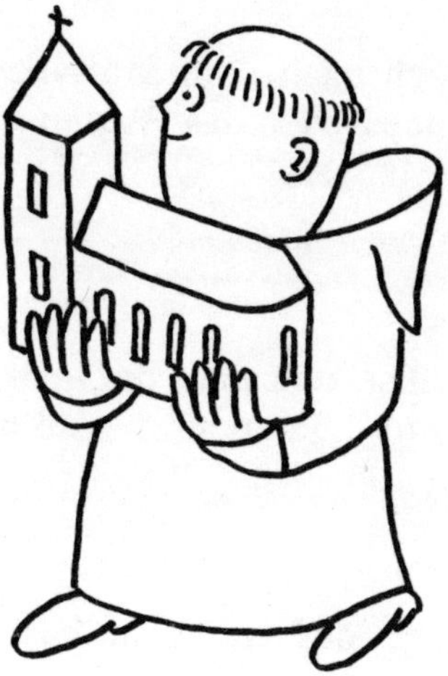

Gott kann eine Trennung wollen; Entzweiung will er nie.

Als der kleine Mönch seinen apostolischen Eifer durch bestimmte Beziehungen behindert sah.

Wenn das Herz krank ist, reißt man es nicht heraus;
wenn der Magen krank ist, können ihn die Finger nicht ersetzen ...

Als ihm sein Bischof nicht besonders intelligent vorkam.

Tränen sind Blutstropfen gleich – aber nicht alle.

Als man den kleinen Mönch ganz links liegen ließ.

Wenn du dich nach dem Martyrium sehnst, kannst du inzwischen das Warten nützen und harte Arbeit leisten.

Als er seine Steuern zahlen mußte.

Wenn du willst, daß man die liebt, die auch du liebst, dann liebe den, der sie nicht liebt.

Als sich der kleine Mönch um Frieden bemühte.

Sei überzeugt, daß du recht hast, glaub es nicht nur.

Als er einen in sich klaren Standpunkt vertrat.

Wenn in deine Tasche nicht das ganze Evangelium hineingeht, dann nimm dir einen Sack dazu.

Als der kleine Mönch aus Liebe zu den Armen gegen die Reichen schlimme Dinge sagte.

Sag nicht zu viel Schlechtes über dich.

Als ihm manche Christen nicht gefielen.

Fügen wir nichts hinzu: Jesus hat die Reichen verurteilt, die sich an ihren Reichtum klammern, nicht aber die Reichen schlechthin.

Christus hat niemanden verurteilt, weil er ein Bankier war; wohl aber hat er die verurteilt, die sich als Richter über andere erheben.

Als der kleine Mönch missionarische Skrupel bekam und einem reichen Bankier den Rücken kehrte.

Mit einem Federstrich entheben dich andere der drückenden Last der Verantwortung; du solltest täglich dafür danken.

Als man ungerechterweise seiner kurzen Karriere ein Ende setzte.

Die Prüfungen des einfachen Christen

Geist der Unruhe

Was du dir erwählt hast, um ein guter Christ zu werden, hat dich nun dahin gebracht, daß du ein christliches Leben verabscheust.

Der kleine Mönch schrieb diese Worte nach zehn Jahren klösterlichen Lebens.

Nun zeigt die Erfahrung, daß fast dieselben Worte
gesagt,
geschrieben,
unter Seufzen hervorgebracht,
unter Tränen gesprochen wurden
von Frauen zu ihrem Ehemann nach zehnjährigem Zusammenleben,
von Männern zu ihrer Ehefrau am zehnten Hochzeitstag,
von Ärzten nach zehnjähriger Praxis,
von Soldaten nach zehnjährigem Dienst,
von Missionaren nach zehnjährigem Apostolat,
von allen Christen nach zehn Jahren christlichen Lebens.

Zu beachten ist allerdings, daß der genaue Zeitpunkt dieser Prüfung verschieden ist. Je nach dem einzelnen Fall können es auch sieben oder dreizehn Jahre sein. Aber wie viele Jahre es auch sein mögen, so haben doch alle, die dies erleiden, den Eindruck der gleichen Zeitspanne.

Das Leben mit Gott

Geistliche Übungen

Es ist ungewiß, ob der Duft der Felder dich sicherer zu Gott führt als der Lärm der Großstadt.

Als es um die Wahl des Exerzitienortes ging.

Bei Exerzitien sollte man sich durchaus den nötigen Schlaf gönnen; es gibt aber noch andere Beschäftigungen.

Als sich der kleine Mönch zum Gebet sammelte.

Auch eine Mimose kann unempfindlich sein für das feine Wehen des Heiligen Geistes.

Als der kleine Mönch überlegte, ob er seine Exerzitien nicht in der warmen Sonne machen solle.

Gott wohnt nicht vorwiegend in historischen Denkmälern.

Weiterer Wahlgegenstand.

Wenn du Begabung zum Komödianten hast, mißtraue dem schönen Dekor.

Noch etwas zum Wählen.

Das Gebet

Die Zerstreuungen werden zum Gebet, wenn man mit Gott an sie denkt; gegen sie zu kämpfen macht sie manchmal noch größer.

Als der kleine Mönch überarbeitet war.

Um Gott zu sagen, was er will, tust du dich leicht; willst du ihm aber sagen, was du willst, tust du dich schwer.

Als der kleine Mönch in Gedanken vertieft war.

Wenn du daran glaubst, daß der Herr bei dir ist, dann findest du überall, wo du einen Platz im Leben findest, auch einen Platz zum Beten.

Als das Kloster völlig übervölkert war.

Wenn du an das Ende der Welt gehst, findest du die Spuren Gottes; steigst du auf den Grund deiner Seele, findest du ihn auch dort.

Als der kleine Mönch nachsann, wie Gott zu finden sei.

Erdöl zu finden erfordert Schweiß und Verstand; warum wollen wir Gott finden ohne Geist und Müh?

Zum Thema Gebet an Tagen innerer Unruhe.

Gott hat Geist genug, dir kann es daran fehlen; er hat keine schwachen Nerven, aber die deinen können ihm zu Diensten sein.

Als die Schmerzen des Leibes den Geist verfinsterten.

Beten heißt nicht begabt, sondern da sein.

Als der kleine Mönch den Leuten auf der Straße zuhörte.

Das Kloster zu wechseln ändert den Mönch nicht; Gott ist an jedem Ort der gleiche.

Vor einem Reisebüro.

Um Gott zu finden, muß man wissen, daß er überall ist, aber auch, daß er nicht allein ist.

Der kleine Mönch benützte diesen Ausspruch gern, wenn ihn viele Dinge gefangen nahmen oder ihm manche Leute auf die Nerven gingen.

Wenn du die Wüste liebst, vergiß nicht, daß Gott die Menschen lieber sind.

Als er auf der Fahrt seinen Rosenkranz betete.

Für einen, der Gott sucht wie Mose, kann eine Treppe der Sinai sein.

Auf jeder Treppenstufe.

O Gott, wenn du überall bist, wie kommt es dann, daß ich so oft anderswo bin?

Kleines Gebet, von Zeit zu Zeit zu beten.

Des kleinen Mönchs geistliche Dichtung

Die Armut dessen, der darauf zugeht

Er muß unbedingt gehen,
er, den euer Geist an euch bindet,
Wir meinen immer, zum Gehen
brauche es Straßen, Rastplätze, Länder,
die vorbeiziehen.
Das ist aber nicht euer Weg.
Euer Weg ist das Leben,
ganz einfach das Leben,
so wie es dahinfließt,
und in dem wir dahinziehen,
wenn unsere Anker gehoben sind.

Eines Tages traf ich auf einer unserer Straßen,
einer Straße der Vorstadt,
wirklich ganz unansehnlich, einen Mann,
von dem ich gerne geglaubt hätte,
er sei ein Engel auf der Durchreise;
in Wirklichkeit war er nur ein armer Kerl,
Pensionär in einem Heim.
Aber dieser Mann, den ich da gehen sah,
hat mir erklärt, besser als viele Bücher,
hat mir aufgezeigt,
was die wirkliche Armut ist,
die Armut dessen,
der gehen muß, leicht, ohne Besitz,
nach eurem Geist.

Er hatte ganz gewöhnliche Kleider,
Kleider, die man nicht bemerkte.
Sein Blick war geradeausgerichtet,
von einer solchen Klarheit,
daß sie auf alles überging.
Die ganze Straße war mir wie verjüngt,
sie schien zum erstenmal dazusein.
Er trug nichts in seinen Händen.
Seine Taschen waren flach und schienen leicht,
beide Hände waren geöffnet
und schwebten in der Luft.

Vielleicht war er ein wenig verrückt.
Und doch war er wie ein Lehrstück der Weisheit.
Seine ganze Arbeit schien darin zu bestehen,
dahinzuwandeln zwischen den Dingen und Menschen.
Er war ein Gleichnis für sich,
ein Zeichen wirklicher Armut.
„Denn wenn ihr nur die liebt,
die euch lieben ...“
dann braucht ihr nicht hinzugehen,
sie kommen ja zu euch.
Aber wenn ihr die liebt, die euch nicht lieben ...
dann müßt ihr ständig auf sie zugehen.

Es ist die Armut dessen, der hingeht.

Es ist unerhört, wieviel Dinge uns hindern,
flink und wendig zu sein.
Man glaubt es kaum, aber

wenn wir von heut auf morgen
unseren ganzen Besitz los wären,
würden wir auf einmal ganz ungezwungen
mit vielen Leuten nachbarlich verkehren,
die uns bisher am Ende der Welt
zu wohnen schienen:

„Oh, wissen Sie, Thomas von Aquin
hat mich daraufgebracht, daß es schließlich
doch wahrscheinlich ist, daß Gott existiert.
Aber vielleicht ist für Sie Thomas von Aquin
der langweiligste Lehrmeister,
und unverständlich dazu."

„Oh, wissen Sie,
meine Religion läßt sich nicht
von jener vortrefflichen Moral trennen,
durch die die Familie,
der ich angehöre,
zu dem geworden ist, was sie ist.
Aber vielleicht kann sich ihre Familie
für solche Moral nicht erwärmen
und tatsächlich, wenn Sie für Jesus Christus
eine Hochschätzung haben,
kann sie nichts auf der Welt
dazu verpflichten,
eine bestimmte Moral zu lieben."

„Oh, wissen Sie, für mich ist Kirche
und gesunde Politik eine Einheit.
Aber vielleicht verspüren Sie in sich
einen unwiderstehlichen Hang zur Anarchie."

Wer seinen in der Welt zerstreuten Brüdern
zwanglos begegnen will,
dem muß alles zutiefst gleichgültig sein,
was nicht jener wesentliche,
von allem entblößte Glaube ist,
der bewirkt, daß man Gedächtnis, Geschmack
und eigene Originalität verliert. –

Diesen Glauben,
der uns ganz gewöhnlich macht,
geradezu banal,
besaßen die Heiligen,
die dadurch befähigt wurden,
bis an die Grenzen der Erde zu gelangen.
Denn er ist ungeheuer,
der Preis der Armut.
Um sie zu kaufen,
muß man alles hingeben,
was nicht Reich Gottes ist.

Dann werden wir alles reizvoll finden,
was die anderen bewegt,
und tugendhaft jene Kühnheit,
die uns bisher nicht anzog,
und Leute als unsere Brüder betrachten,
die uns niemals ähnlich waren.

Dann werden jene,
die uns auf ihrem Weg begegnen,
die Hände nach uns ausstrecken,
begierig nach dem Schatz,
der in uns sichtbar wird,
ein Schatz,

befreit von irdenen Gefäßen,
von bunten Körben, Koffern und Kasten,
ein einfachhin göttlicher Schatz,
der allen gefällt,
da er nicht mehr das Gewand
unserer eigenen Mode trägt.

Dann sind wir beschwingt,
sind selbst ein Gleichnis,
das Gleichnis der einzigartigen Perle,
jener kleinen, runden, kostbaren Perle,
für die man alles verkauft hat.

Fahrrad-Spiritualität

„Immer weiter!" sagst du zu uns
in allen Kurven des Evangeliums.
Um die Richtung auf dich zu behalten,
müssen wir immer weitergehen,
selbst wenn unsere Trägheit verweilen möchte.

Du hast dir für uns
ein seltsames Gleichgewicht ausgedacht,
ein Gleichgewicht,
in das man nicht hineinkommt
und das man nicht halten kann,
es sei denn in der Bewegung,
im schwungvollen Voran.

Es ist wie mit einem Fahrrad,
das sich nur gerade hält, wenn es fährt;
es lehnt schief an der Wand,
bis man es zwischen die Beine nimmt
und davonbraust.

Der Mensch
befindet sich in einem schwindelerregenden,
allgemeinen Ungleichgewicht;
sobald wir uns hinsetzen, um es zu betrachten,
neigt sich unser Leben und fällt.

Wir können uns nur aufrecht halten,
wenn wir weitergehen,
wenn wir uns hineinwerfen in das Abenteuer
verzehrender Liebe.
Die meisten Heiligen,
die uns als Vorbilder gegeben sind,
hatten eine Art geistlicher Versicherung hinter sich,
die sie schützte gegen Krankheit und Gefahr
und sich sogar auf ihre geistlichen Kinder erstreckte.
Sie hatten feste Gebetszeiten,
bestimmte Bußübungen
und ein ganzes Buch
voller Ratschläge und Verbote.

Uns aber hast du in eine Zeit gestellt,
die in ihre Freiheit verliebt ist,
ein wenig aus der Bahn geraten;
in ihr spielt das Abenteuer deiner Gnade.

Du willst uns keine Landkarte zur Orientierung geben,
unser Weg soll durch die Nacht führen.
Kommt eine neue Strecke,
leuchtet ein Licht auf,
wie die Lampe eines Signals.
Oft ist das einzige,
was sich sicher einstellt,
eine regelmäßige Müdigkeit auf Grund
derselben Arbeit, die täglich zu leisten ist,
desselben Haushalts, der immer wiederkehrt,
derselben Fehler, die zu bekämpfen sind,
derselben Dummheiten,
die wir vermeiden sollen.

Alles übrige ist unserer Phantasie überlassen,
die uns so leicht davonläuft.

Die aus der Bahn geratenen Tugenden

Man hat uns gut beigebracht, daß Gott lieben das Wichtigste sei, das wir auf dieser Erde zu tun haben.

Damit wir nicht unschlüssig sind, in Verlegenheit, wie dies zu verwirklichen sei, hat uns Jesus gesagt, daß es im Grunde nur ein Lebensrezept gibt: die Liebe zueinander.

Die Nächstenliebe ist eine theologische Tugend, weil sie uns untrennbar mit Gott vereint.
Sie ist das einzige Tor, durch das wir zu ihm gelangen.
Die Wege dahin sind die Tugenden; sie enden an diesem Tor.

Sie sollen uns munter, schnell und sicher zu ihm führen;
tun sie es nicht, so sind sie aus der Bahn geraten.

Vergeblich streichen sie um den Gottesberg,
den Gipfel der Gottesliebe,
ohne die steilen Wände zu erklimmen.
Die einzige Stelle,
an der der Berg zu bezwingen ist,
ist die Liebe zu den Menschen,
die uns ähnlich,
aber oft so wenig liebenswert sind,
weil sie unserer eigenen Mittelmäßigkeit zu sehr gleichen.

Vielleicht empfinden wir ein gewisses Vernügen,
wenn wir zu einer großartigen Demut gelangen,
zu einer unbesiegbaren Anspruchslosigkeit,
zu einem unerschütterlichen Gehorsam,
zu einer außerordentlichen Reinheit;
das kann uns ein Gefühl der Zufriedenheit geben.
Aber wenn uns die Demut,
die Armut, die Reinheit, der Gehorsam

nicht zu gütigen Menschen machen,
wenn die Leute im eigenen Haus,
in unserer Straße, in unserer Stadt
immer noch hungern und frieren,
immer noch traurig und niedergeschlagen sind,
immer noch einsam dahinleben,
dann sind wir vielleicht Helden,
aber wir gehören nicht zu jenen,
die Gott lieben.

Denn es ist mit den Tugenden
wie mit den klugen Jungfrauen,
die sich mit ihrer Lampe in der Hand
an jenem einzigartigen Tore niedersetzten,
dem Tor der Liebe,
der brüderlichen Sorge,
der einzigen Tür, die sich öffnet
zur Hochzeit Gottes mit seinen Freunden.

Früchte bringen in Geduld

Jeder hat ein Kreuz zu tragen, ein Leiden durchzustehen, auch wir.
Einverstanden, wir warten darauf, wir wissen, daß es kommen muß, und es ist klar, daß wir es mit einer gewissen Größe durchstehen wollen.

Wir warten darauf, daß die Stunde unseres Opfers schlägt.

Wie ein Holzscheit im Feuer müssen wir verbrennen. Wie ein Wollfaden, der von einer Schere durchgeschnitten wird, so müssen wir zerteilt werden. Wie ein unerwünschtes Tier, das man beseitigt, so müssen wir ausgeschaltet werden.

Wir warten auf unsere Passion. Wir warten, aber sie kommt nicht.

Was kommt, sind Umstände, die unsere Geduld erfordern.
O diese Übungen der Geduld, diese kleinen Leidenspartikel, deren Aufgabe es ist, uns ganz sanft umzubringen zu deiner Ehre, uns zu töten ohne Eigenruhm!

Schon am Morgen suchen sie uns auf:
unsere Nerven gehen uns so leicht durch,
der Bus ist bereits voll,
die Milch läuft über,
der Schornsteinfeger kommt,
die Kinder verderben alles,
der Mann bringt Gäste mit,
die Freunde erscheinen nicht,
das Telefon läutet ununterbrochen,
die, die wir lieben, streiten sich;
man möchte schweigen und muß sprechen,
man möchte sprechen und muß schweigen,
man möchte ausgehen und muß daheimbleiben,
man möchte daheimbleiben und muß weggehen,
man möchte sich auf den Ehegatten stützen,

und
der wird schwach wie ein Kind;
die tägliche Arbeit wird uns langweilig;
es quält uns die Gier nach Dingen,
die uns nicht zustehen.

So treten die Geduldsübungen an uns heran, neben- oder hintereinander, und vergessen immer uns zu sagen, daß sie das Martyrium sind, das für uns vorgesehen ist.

Wir aber lassen sie mit Verachtung an uns vorüberziehen und warten auf eine Gelegenheit, unser Leben hinzugeben, eine Gelegenheit, die der Mühe wert wäre.

Denn wir haben vergessen, daß es Äste gibt, die im Feuer verbrennen, daß es Bretter gibt, die unter unseren Tritten langsam abgetreten werden.
Wir haben vergessen, daß es nicht nur Fäden gibt, die man mit der Schere durchschneidet, sondern auch Fäden in einem Kleidungsstück, die täglich dünner werden am Körper dessen, der es trägt. Wenn jede Erlösung ein Martyrium ist, so braucht doch nicht immer Blut zu fließen. Im Laufe eines Lebens kann man deren viele erleiden.

Unser Opfer heißt Früchte bringen in Geduld.

Liturgie der Außenseiter

Du hast uns heute nacht
in dieses Café namens Mondschein geführt.
Du wolltest dort einige Stunden in der Nacht
du in uns sein.
Durch unsere armselige Erscheinung,
durch unsere kurzsichtigen Augen,
durch unsere liebeleeren Herzen
wolltest du all diesen Leuten begegnen,
die gekommen sind, die Zeit totzuschlagen.

Und weil deine Augen in den unseren
erwachen,
weil unser Herz sich in deinem öffnet,
fühlen wir,
wie sich in uns die schwächliche Liebe
entfaltet gleich einer Rose,
wie sie sich weitet
gleich einer grenzenlosen Zufluchtstätte,
angenehm für all die Leute, die um uns leben.

Das Café ist nun nicht mehr ein profaner Ort,
ein Stückchen Erde,
das dir den Rücken zuzuwenden schien.
Wir wissen, daß wir durch dich ein
Scharnier aus Fleisch geworden sind,
ein Scharnier der Gnade,
ein Anruf, sich, ohne es gewollt zu haben,
mitten in der Nacht,
zum Vater allen Lebens hinzuwenden.

In uns vollzieht sich das Sakrament deiner Liebe.
Wir binden uns an dich
mit der ganzen Kraft unseres dunklen Glaubens,
wir binden uns an sie
mit der Kraft eines Herzens,
das für dich schlägt,
wir lieben dich und sie,
auf daß mit uns allen ein Einziges geschehe.

Durch uns zieh alles zu dir ...
Zieh ihn zu dir, den alten Pianisten,
der vergißt, wo er ist,
und der nur spielt aus Freude am guten Spiel, –
die Geigerin, die uns verachtet
und jeden Strich um Geld verkauft, –
den Gitarrist und den Akkordeonspieler,
die Musik machen für Leute,
die ihnen gleichgültig sind.
Zieh ihn zu dir, jenen traurigen Mann, der uns
seine sogenannten fröhlichen Geschichten erzählt;
ebenso jenen Trinker,
der gerade die Treppe hinuntertaumelt,
auch jene müde dasitzenden Leute
zieh zu dir hin,
die verlassen hinter ihrem Tisch kauern
und nur hier sind, um nicht anderswo zu sein;
Durch uns zieh sie zu dir hin,
damit sie dir in uns begegnen,

denn du allein hast das Recht,
dich ihrer zu erbarmen.
Weite unser Herz,
damit es alle zu fassen vermag;
präge sie ein,
damit sie für immer in unser Herz geschrieben seien.

Du wirst uns nachher zum Jahrmarkt führen,
zu einem Platz voller Baracken.
Es wird Mitternacht oder später sein.
Nur jene werden auf dem Pflaster bleiben,
deren Heim und Werkstatt die Straße ist.
Möge der Schlag deines Herzens sich in die unseren graben,
tiefer als die Pflastersteine in den Boden,
damit ihre traurigen Schritte
auf unserer Liebe dahinschreiten
und diese sie daran hindere,
noch tiefer im Morast des Bösen zu versinken.

Wir werden auf dem Platz auch Händler treffen,
die Illusionen verkaufen:
gemachte Angst, scheinbaren Sport,
trügerische Kunststücke, gefälschte Ungeheuer.
Sie vertreiben ihr falsches Zeug,
damit man damit die echte Langeweile
totschlage,
die alle trübseligen Gesichter
einander so ähnlich macht.
Laß uns Freude finden an deiner Wahrheit,

damit wir uns ihnen zuwenden mit dem wahren
Lächeln der Liebe.

Danach werden wir die letzte U-Bahn nehmen.
Wir werden Leute finden, die dort schlafen.
Leid und Sünde sind unentwirrbar
in ihr Gesicht geprägt.
Auf den fast leeren Bänken der Stationen
sitzen ältere Arbeiter, schwach und erschöpft;
sie warten, bis die letzten Züge vorbei sind,
um dann mit der Ausbesserung der unterirdischen Schächte zu beginnen.

Und unser Herz wird immer weiter
und immer schwerer
von der Last vielfältiger Begegnung,
immer schwerer von der Last deiner Liebe,
unser Herz, das du gebildet
und bevölkert hast mit unseren Brüdern,
den Menschen.

Denn die Welt ist kein Hindernis
für die, die für sie beten wollen.
Wenn einige sich von ihr zurückziehen,
um sie auf neue Weise zu finden
und zum Himmel zu heben,
müssen andere in sie eintauchen,
um sich dann mit ihr emporzurecken
zum gleichen Himmel.

Im sündigen Abgrund der Welt
müssen sie sich einfinden;
auf Tuchfühlung mit der Sünde

erleben sie mit dir einen Himmel,
der sie in die Höhe zieht
und vor dem Bösen bewahrt.

Während du fortfährst,
in ihnen die trostlose Erde zu besuchen,
erklimmen sie mit dir den Himmel;
es ist eine schwerfällige Himmelfahrt:
festgehalten im Schmutz,
verzehrt durch deinen Geist,
verbunden mit allen,
gebunden an dich,
beauftragt, im Ewigen zu atmen,
darin verwurzelt zu sein wie ein Baum.

Der neue Tag

Wieder beginnt ein Tag.

Jesus ist in mir, den ganzen Tag. Er hat sich nicht eingeschlossen. Er ist unter den Menschen gewandelt.
Mit mir ist er unter den Menschen von heute gegenwärtig.

Begegnen wird er
jedem, der das Haus betritt,
jedem, den ich auf der Straße treffe,
anderen Reichen als damals,

anderen Armen,
anderen Gebildeten und Ungebildeten,
anderen Jungen und Alten,
anderen Frommen und Sündern,
anderen Gesunden und Kranken.
Sie alle zu suchen, ist er gekommen.
Jeden will er zum Heile führen.
Denen, die mit mir sprechen,
hat er etwas zu sagen.
Denen, die etwas brauchen,
hat er etwas zu geben.
Für ihn existiert jeder,
als sei er der einzige.

Im Lärm gibt er Stille,
in der Aufregung seinen Frieden.
Jesus hat nicht aufgehört,
der Sohn Gottes zu sein.
In mir will er mit dem Vater verbunden bleiben.
Auf milde Art verbunden, jede Sekunde,
darüberschwebend wie ein Stück Kork
auf dem Wasser.
Sanft wie ein Lamm gegenüber allem,
was der Vater will.

In Zukunft ist alles erlaubt,
alles ist gestattet
und verlangt meine Zustimmung.
Der Platz, in der Welt, an den er mich stellt,
kann mich nicht hindern,
in Gottes Gegenwart zu sein;
auch ein Kind auf dem Arm seiner Mutter

ist nicht weniger bei ihr,
weil sie durch die Menge geht.

Jesus, überall gegenwärtig,
hat nicht aufgehört,
vom Vater gesandt zu sein.
So sind auch wir in jedem Augenblick
Gottes Gesandte in der Welt.
Jesus in uns hört nicht auf,
vom Vater gesandt zu sein,
am heutigen Tag, der gerade beginnt,
in der ganzen Menschheit, in unserer Zeit,
zu allen Zeiten,
in meiner Stadt und auf der ganzen Welt.

Durch die Brüder in unserer Nähe,
die wir bedienen, lieben, retten dürfen,
gleitet eine Woge der Liebe
bis an die Grenzen der Erde,
bis an das Ende der Zeiten.

Gepriesen sei der neue Tag,
er ist wie Christi Geburt für die Erde,
denn Jesus in mir wird mich durch diesen Tag
begleiten.

Unsere Wüste

Wenn man sich gern hat,
möchte man zusammen sein,
und wenn man beieinander ist,
möchte man sich unterhalten.
Wenn man sich liebt,
empfindet man es als störend,
wenn immer viele Leute um einen herum sind.
Der Liebende möchte dem Geliebten zuhören,
ganz allein,
ohne daß sich andere Stimmen hineinmischen.
Deshalb haben die, die Gott lieben,
schon immer eine Vorliebe für die Wüste gehabt
und deshalb kann sie Gott denen,
die ihn lieben,
nicht verweigern.

Ich bin sicher, mein Gott,
daß du mich liebst
und daß es in diesem Leben, das so vollgestopft
ist mit allem Möglichen,
das mich ständig in Berührung bringt
mit meiner Familie, meinen Freunden
und all den anderen Menschen,
dennoch eine Wüste gibt,
wo man dir begegnet.

Man geht nie in die Wüste
ohne vieles zu durchqueren,
ohne müde zu werden durch eine lange Reise,

ohne seine Augen loszureißen von dem,
was jederzeit zu ihrem Horizont gehört.
Die Wüste muß man sich erringen,
sie wird einem nicht geschenkt.
Nur wenn wir mit Gewalt gegen unsere Gewohnheiten,
gegen unsere Trägheit angehen,
erkämpfen wir sie uns.
Das ist schwierig,
aber wesentlich für unsere Liebe.

Zehn Minuten echten Schlafes sind mehr wert
als stundenlange Schläfrigkeit.
Das gilt auch für die Einsamkeit mit dir.
Stundenlange Fast-Einsamkeit ist für die
Seele weniger erholsam als ein Augenblick
völligen Eintauchens in deine Gegenwart.

Es handelt sich nicht darum,
das Herumschlendern zu erlernen.
Man muß lernen, allein zu sein,
immer wenn uns das Leben eine Pause gönnt.
Und das Leben ist voll davon;
wir können sie entdecken oder achtlos verschwenden.
Mag uns ein Tag noch so grau und schwer erscheinen,
welch ein Aufleuchten für uns,
wenn wir an all die hintereinandergereihten Begegnungen denken.

Welche Freude, zu wissen,
daß wir unsere Augen

zu deinem Angesicht erheben können,
ganz allein,
während die Suppe langsam aufkocht,
während wir beim Telefon auf den Anschluß warten,
während wir an der Haltestelle nach dem Bus Ausschau halten,
während wir eine Treppe hinaufsteigen,
während wir im Garten für den Salat ein wenig Petersilie holen.
Welch ungewöhnlicher Spaziergang erwartet uns
heute abend bei der Heimfahrt,
wenn man die Leute auf der Straße nicht mehr so genau sehen kann!
Welch günstige Gelegenheit bietet eine Verspätung,
wenn man auf den Mann, die Kinder, auf Freunde wartet!
Jede Eile bei dem, was nicht eintrifft,
ist sehr oft das Zeichen einer Wüste.
Aber unsere Wüsten besitzen eine wirksame Abwehr,
und wären es nur unsere Ungeduld,
unsere Träumereien und
unsere Müdigkeit,
die immer auf der Lauer nach Erholung liegt.
Denn so sind wir gebaut,
daß wir dich nicht anderen Dingen
vorziehen können ohne einen kleinen Kampf,
und daß du, unser Viel-Geliebter,

immer aufgewogen wirst gegen
jene Faszination,
jene verzehrende Besessenheit,
die von unseren kleinen Bagatellen ausgeht.

So entdecken wir unsere Seele

Wie lange geht es, o Herr,
bis wir begreifen,
daß man uns aus reinem Erbarmen lieben kann,
und daß deine Wertschätzung,
deine Bewunderung,
dein Vertrauen
uns gegenüber nur möglich ist
aufgrund deiner großen Barmherzigkeit.

Es geht lange, aber es kommt.
Wie ein blindes und taubes Kind
zwischen den Knien seiner Mutter,
eingetaucht in Einsamkeit und Dunkel,
so entdecken wir eines Tages unsere Seele
als unsäglich arm;
unser Blick schweift nicht mehr zu den ewigen Hügeln,
unser Ohr hört nicht mehr dein Echo aus dem Paradies.
Zwischen den Knien deiner Vorsehung,
so entdecken wir unsere Seele.

Dann schafft dein Geist in uns neues Leben:
er, der Finger an der Rechten des Vaters,
einer Mutterhand gleich,
offenbarend,
erziehend
erfüllt er sein Kind mit Leben.

Dein Geist leitet uns durch inneren Antrieb;
von innen her verkündet er uns, was ist.
Lautlos, in uns verhüllt, sät er in unser Herz
den Keim des Wortes.

Den Worten, die wir in unserer Einsamkeit
und unserem Dunkel sprechen,
antwortet die Stille deines Geistes;
eine Stille, so nah, daß sie uns
einhüllt und erfüllt.

Daher macht es nichts,
daß unsere Augen blind
und unsere Ohren taub sind
für alles, was du bist.

Gebet zur heiligen Ravita

Eine heilige Frau aus Bethlehem, von der nicht bekannt ist, ob sie Jungfrau, Witwe oder Martyrin war.

Heilige Ravita,
du warst ganz ergriffen,
als du das heilige Kind gefunden hattest;
hilf uns, Gott da zu erkennen,
wo ein Mensch leibt und lebt.

Heilige Ravita,
du warst ergriffen trotz so kleiner Begebenheiten, so bescheidener Leute, eines so kleinen Kindes; hilf uns, die Heilsgeschichte in dem zu erkennen, was sich jeden Tag ereignet.

Heilige Ravita,
ganz ergriffen bist du selbst in die Heilsgeschichte eingegangen; hilf uns,
daß wir aus den kleinen Augenblicken dieser Zeit Ereignisse von ewiger Tragweite machen.

Heilige Ravita,
du warst ganz ergriffen davon,
daß du Gott auf die Welt kommen sahst
bei Leuten, die in derselben Nacht erst angekommen waren; lehre uns, daß wir,
um Gott auf die Welt kommen zu sehen,
unseren neu angekommenen Mitmenschen
menschliche Nähe schenken.

Heilige Ravita,
du warst ergriffen, als du sahst,
wie Gott der Nächste deines Nächsten wurde
und deiner selbst als einer unter den anderen,
lehre uns, dies ohne große Worte zu betrachten
und unsere leeren Hände zum Himmel zu erheben.

Heilige Ravita,
du bringst keine Geschenke mit,
sondern bietest die der anderen an,
lehre uns, nützlich zu sein,
ohne auf unserer Vortrefflichkeit zu bestehen.

Heilige Ravita,
du lebtest täglich in vertrautem Umgang
mit einem unbedeutenden Volk,
in dem Gott Mensch geworden ist;
hilf mit deinem Gebet,
daß alles seinen guten Zweck erfüllt:
das Mehl des Müllers,
die Fische der Händlerin,
die Hasen der Jäger,
die dunklen Augen der Blinden,
das schuldbeladene Herz der Sünder –
auch die Dienststelle der Polizei.

Laß uns wie du die Hände zu Gott erheben,
um ihn zu preisen,
ihn, der die Welt geschaffen hat
und als Kind auf sie gekommen ist.